AF451124

Perdonar y amar

El amor familiar puede hacer que perdonar sea más fácil

Marta Estela Bonini Muniz

EDIQUID

PERDONAR Y AMAR
El amor familiar puede hacer que perdonar sea más fácil
© Marta Estela Bonini Muniz

Editado por: Corporación Ígneo, S.A.C.
para su sello editorial Ediquid
José Olaya 169, Ofic. 504, Miraflores. Lima, Perú
Primera edición, diciembre, 2024

ISBN: 978-612-5184-07-8
Tiraje: 50 ejemplares

Hecho el Depósito Legal en la Biblioteca Nacional del Perú N° 2024-11461
Se terminó de imprimir en diciembre de 2024 en:
ALEPH IMPRESIONES SRL
Jr. Risso Nro. 580 Lince, Lima

www.grupoigneo.com
Correo electrónico: contacto@grupoigneo.com | Teléfono: +51 955 071 270
Facebook: Grupo Ígneo | X: @editorialigneo | Instagram: @grupoigneo

Colección: Integrales

Contenido

Introducción

Soy un alma que eligió nacer en una familia donde constantemente se balancea entre el amor y el perdón. En estas páginas, les contaré cómo el amor puede ser tan fuerte como un muro impenetrable y el perdón es cuenta corriente en una familia con una gran mochila cargada de miedos, rencores, silencios y secretos. En esta familia, se juzga al otro por experiencias personales que dejaron grabado a fuego a quienes las sufrieron y por la equívoca manera de no saber educar al otro de forma amorosa, sino a golpes.

Le contaré cómo logré darme cuenta de mi necesidad de cambio y, así, entender desde la mirada de mi propia transformación, que de manera obvia es lo opuesto al resto. Me di cuenta de mis errores, los analicé y los solté para poder sanar y así ayudar a quienes lo necesiten. Poder ponerme en su lugar y comprender que todos traemos cargas que no son fáciles de soltar; solo quien está dispuesto a comenzar ese camino de transformación, donde muchas veces se cae tan profundo, puede lograrlo. Solo quien tiene la firme convicción de que hay otra vida, donde amarse, perdonarse y elegirse es prioridad, sin dejar de ser vos mismo, siendo su propio escultor modelando su nuevo «yo», y eso solo tú puedes hacerlo.

Capítulo 1

Amor eterno

En estas páginas iré desmenuzando lo que he vivido desde que elegí ser parte de una familia en la que el único amor incondicional era el que mis padres se tenían. Dije «elegí venir a esta familia» porque así es como los hijos nos eligen, aunque parezca todo lo contrario, lo cual iré mostrando en mi relato.

Mi padre se llamaba Ricardo. ¿Qué decir de él? Me lo imagino de niño, siendo el hijo del medio, con todo lo que ese lugar en la fratría significa, ya que no tiene la carga del mayor ni es el pequeño, que por lo general se mima más. Inquieto, muy inteligente, de jovencito mostró su habilidad con el dibujo y, como todo artista, no lo continuó. Tornero de profesión, muy intuitivo y leal a sus sueños. Y mamá, María Iris, la joven soñadora y hermosa, con sus ojos celestes y su caminar rebelde, escondía una niñez muy dura que ya les contaré.

Papá la eligió cuando tenía nueve años; si algo lo caracterizaba era su paciencia y tenacidad. Ambos vivían casi enfrente uno del otro, en un barrio típico de calles con casas construidas a pulmón por quienes las habitaban, donde sus paredes encierran sacrificio y carencias de familias que daban todo por tener lo que creían prioritario: «el techo propio» de clase media.

Por parte de papá, sus padres eran Alberto, quien trabajaba en el puerto y practicaba fútbol en uno de los dos cuadros más importantes de Uruguay (Peñarol). Fue para mí el abuelo que más amor me dio y al que más sufrí cuando partió. Su madre, María Esther, no era su verdadero nombre, algo que descubrí hace unos años en mi búsqueda de conexión con ella, ya que somos muy parecidas en lo físico. En una partida que saqué para averiguar su fecha de nacimiento, descubrí que su verdadero nombre era Ignacia. ¡Oh, sorpresa! Mi padre tenía el mismo segundo nombre. Ella era ama de casa y madre de tres varones, lo que conllevaba rectitud, severidad cuando era necesario, y cariño a su vez. Cosía a máquina para afuera y lo que más le gustaba era escuchar cuando había partido de Peñarol, en el que jugaba el abuelo. Era muy fanática, tanto que le gustaba sentarse con sus nietos frente a un cuadro de Peñarol, y esa fue la primera palabra que aprendimos.

En cuanto a mamá, su padre, Ciriaco, era un hombre muy luchador pero con un carácter muy fuerte. De chico vivió en Melo, siendo un niño muy pobre de una familia numerosa. No era fácil en esa época vivir en un hogar con muchos hermanos, donde la prioridad era poder comer todos los días y, para que eso sucediera, había que trabajar. Por lo tanto, él no pudo ir a la escuela, pero se escabullía y observaba la clase desde una ventana que daba al patio, y eso hizo que ganara la atención de la maestra, a quien le llevaba agua todos los días. Esta maestra pasó a ser una famosa escritora, Juana de Ibarbourou. Un día se ofreció a enseñarle a leer y escribir, lo que le permitió empezar a soñar con un mundo diferente más allá de las paredes del rancho.

De esa forma, escaparía de un ambiente hostil, dejando de ver en lo que se convertían sus hermanas, llenándose de hijos de distintos padres (imaginen el resto). Cuando se mudó a Montevideo a los 14 años, trabajó como vareador de caballos en Maroñas (el hipódromo), como chofer de ómnibus y después en Ancap, donde gracias a lo aprendido con Juana, dio concurso y terminó como capataz hasta que se jubiló. Se casó con Blanca, que también venía de familia numerosa de Montevideo, aunque quizás su vida no fue tan sacrificada. Tuvieron dos hijos: mi madre, la mayor, y Carlos, quien se llevaba toda la atención por su enfermedad, parálisis infantil y asma.

Y así eran mis abuelos, a grandes rasgos, gente sencilla de trabajo y aparentemente sin muchos problemas, pero sí con una carga enorme de conflictos, resentimientos, rencores no sanados y también, para no ser menos, guardaban secretos.

Pasaron los años y ambos crecieron, papá con su idea fija de que algún día mamá se diera cuenta de su existencia. Así fue que, cuando ella tenía quince años, comenzaron un noviazgo a escondidas, ya que su padre jamás aceptaría esa relación. Ciriaco cargaba con las vivencias de sus hermanas, que para él eran mujeres «fáciles», y eso lo marcó, proyectando lo mismo en todas las mujeres: cualquier señal de liberación era sinónimo de «mujer fácil». Sucede que ese noviazgo se vio interrumpido por lo inesperado; papá cayó enfermo de pleuresía y tuvo que hacer reposo más de seis meses. No pudieron verse ya que no era un noviazgo oficial, pero él, al verla pasar, dibujó un retrato de mamá, un amor que ya comenzaba con pruebas a superar.

Después, mi abuelo Ciriaco, cuando se enteró de la relación de mi padre con mamá, y siendo muy moralista (no era para menos), no los dejó ser novios hasta que mamá cumpliera 18 años. Ella en ese momento solo tenía 16 años, y estuvieron dos años en que su relación fue solo por carta, donde el «correo» era una amiga de ambos, apodada Chichita. Muchas veces ella los citaba y se veían un ratito a escondidas. Mi abuelo era muy estricto, y por lo que supe, mi madre recibió muchas palizas (con su cinto de cuero le pegaba), solo a ella, pues mi tío Carlos tenía parálisis infantil y era el débil y más mimado, por lo tanto, alguien tenía que recibir la descarga de ira. También he de aclarar que cuando llegaba el Día de Reyes, el abuelo, según mamá, les compraba lo que eligieran, pero el gasto era siempre equitativo para ambos.

Fueron transcurriendo los años y llegó el 27 de agosto (mamá cumplía 18 años). No se festejaba; nada más que venía una tía de mamá, y ese día el abuelo llegó tarde. Cuando abrió la puerta dijo:

—Estuve con un amigo.

A lo que se sorprendieron:

—¿Un amigo?

Sí, era que papá lo estaba esperando a la salida de su trabajo y le dijo:

—Llegó el día, don Ciriaco, me imagino que ahora no tiene excusa —y desde ese día, nunca más se separaron.

El noviazgo transcurrió sentado en el porche de la casa, verano e invierno. Nada lindo, pero mi madre era rebelde y jamás entraron; pasaron mucho frío, además de estar celosamente cuidados por la vecina de enfrente, muy chismosa ella.

Un día, mis abuelos habían ido al cine y, en un descuido, dejaron olvidada la libreta de matrimonio a la vista. La curiosidad de mamá pudo más, y cuando vio la fecha de casados, comenzó a sacar cuentas y concluyó que su madre se había casado embarazada de ella, y eso la marcó para siempre, ya que mi abuelo era muy moralista y todo el tiempo le hablaba de que la internara en un colegio pupila si no se comportaba «de manera decente». Con los años, se enteró de que mi abuela la quiso abortar, lo que fue sumando en ella rencor y un profundo dolor.

Después de un tiempo, decidieron casarse, cosa difícil, ya que el abuelo decidió que sería el último sábado de diciembre (31 para ser exactos). Todo complicado por la fecha, pero lo único que los hacía felices era que ya podían estar juntos.

Mamá quería estudiar cartografía, pero no la dejaron; terminó estudiando administración y, cuando ganó un concurso para trabajar en Ancap, mi padre no la dejó trabajar. Fue una reacción machista, ya que no le preguntó qué deseaba ella, y hoy me doy cuenta de que otra hubiese sido la vida de mi madre. Además, papá era muy celoso, incluso con nosotras.

A los dos años, llegó Meris un 26 de septiembre. A los tres años, nació Iris el mismo día del cumpleaños de mamá. Al poco tiempo, se enfermó y comenzó el calvario de andar para todos lados, y ni los médicos sabían qué tenía. Mi hermana falleció dos días antes de cumplir el año.

A los siete años, mamá quedó embarazada de mí. Según ella, papá ya no quería más hijos, supongo que por tanto sufrimiento. Como mi madre no podía (según el médico) tener más hijos, ya que ella no dilataba (en aquella época no había muchas técnicas para ayudar a la madre), se ponía una faja hasta que pasaron los tres meses de embarazo. Y pasado ese tiempo, y seis meses más, nací yo.

La vida de mis padres comenzó a ser más próspera, pudiendo adquirir electrodomésticos que no tenían, como la heladera y la tele, pero siempre bajo la mirada crítica de mi abuelo Ciriaco, que en todo se metía. Tanto era así que una tarde papá perdió la paciencia, lo enfrentó y decidieron mudarse. Alquilaron una hermosa casa en Progreso, un pueblo de Canelones a unos treinta kilómetros de la capital. Era muy espaciosa, con terreno. Por años duró el alejamiento con mis abuelos, y como todo, el tiempo lo cura; un día volvieron, pero siempre las situaciones de fondo se mantenían.

Lo mismo pasó con mi tío, que terminó yéndose a vivir a Buenos Aires, Argentina.

En cuanto a la familia paterna, también tenían sus problemas. Los hermanos de mi padre, como Roberto, el mayor, tenía todos los vicios; su mujer, Celeste, era muy sumisa, o eso parecía. Tenían tres hijos varones. Y el chico, Luis, era mecánico naval, casado con Mirta, una mujer altanera y dominante. Los tres trabajaban en el puerto.

Aparentaban ser una súper familia, en armonía, pero solo era apariencia. Digo apariencia porque había muchos secretos. Por ejemplo, en esa familia había una tía que era muy ligera, digamos, y acosaba sexualmente a sus sobrinos; el único que se negó siempre fue mi padre. Por lo que me contaron, mi hermana Iris falleció debido a que esta mujer le hizo una brujería.

La enfermedad de mi hermana fue muy larga y desesperante para mis padres, ya que ni los médicos sabían lo que tenía, y en la desesperación, mi madre, junto a mi abuela paterna, visitaron a una señora vidente residente en Rivera (en el interior del país), quien les dijo que si mi hermana no fallecía al año, moriría a los nueve y odiaría a mamá. Mis padres siguieron visitando médico tras médico, y un día, mientras mi hermana estaba internada en el Pereira Rossell, una señora que estaba en la misma sala le preguntó a mi madre si creía en la videncia, y ella respondió:

—Por supuesto.

Esta señora se ofreció a llevar una prenda de mi hermana, y dio la casualidad de que la vidente era la misma que mamá había consultado antes. Le dijo que a mi hermana le había llegado la hora, y que no había nada que hacer. Y un 25 de agosto del año siguiente, falleció.

El duelo por Iris duró hasta que yo cumplí 12 años. Recuerdo que cada año, cuando llegaba el 25 de agosto y hasta que pasaba el 27, se vivía un infierno. Mis padres quedaron, además del dolor, con problemas económicos por la enfermedad de Iris, pero lo que yo más admiré en ellos fue que el amor, en ese caso, los unió mucho más.

Hicieron de todo para salir adelante. Papá, además de su trabajo en el puerto, hacía jaulas de madera para pájaros y lavaba las camisetas del cuadro de Fénix. Según mi madre, cuando yo nací, comenzó la prosperidad.

Además de mi abuelo materno, estaba mi abuela, que se llamaba Blanca, que siempre aparentó ser una mujer sumisa, sin carácter. Era más bien fría; no le gustaban las demostraciones de cariño.

Mi tío Carlos, que era un niño muy enfermo, tenía toda la atención de los abuelos. Él era una persona con mucho carácter, muy parecido a mi abuelo. Estaba casado con mi tía Chicha y tenían dos hijos, Sergio y Alicia. Sergio era muy humilde, en cambio, Alicia era altanera y egoísta.

Mis tíos se fueron a vivir a Buenos Aires y mi madre fue la que estuvo al lado de mis abuelos, con todo lo que eso conlleva, ya que el abuelo solo inspiraba miedo en ella.

En cierta forma, toda la familia había solapado mucho resentimiento y miedo, y también una gran desvalorización, que hoy puedo decir que era uno de los programas familiares.

Analizando lo que les he contado hasta ahora, existen varios programas familiares. Por un lado, mi madre, una hija no querida, no deseada, que se enteró de que la gestaron antes del matrimonio. Para ella, hace 80 años, fue una deshonra, y literalmente lo tomó así. Se guardó ese sentimiento y se transformó en una persona resentida, que no se quería, que el único ser que la hacía sentir bien era mi padre.

Aparentaba ser una mujer fuerte, segura, pero su niña interior estaba muy herida, y eso la persiguió toda la vida. No poder elegir qué hacer con su vida, no poder estudiar lo que quería, no poder trabajar cuando ganó un concurso entre los primeros lugares. No fue fácil la vida de mi madre, ni tampoco la de mi padre, que soportaba muchas veces el mal carácter de mi abuelo.

En el fondo, ambos se unieron para vivir esa experiencia; eso lo pude comprender cuando comencé mi camino hacia el cambio. Muchas veces sentimos que la vida se parece a una película, y si es así, lo único es que no siempre hay finales felices. Pero mi intención al escribir este libro es poder mostrarles a otros cómo podemos superar, disculpar y hasta olvidar lo que muchas veces sentimos injusto.

Lo que ambos vivieron, solo el amor puede superarlo, pues si me pongo a hacer un recuento de hechos, solo así se logra. La base de ese amor fue el respeto, la lealtad, el sentido de pertenencia de uno y otro, que hacen una extraña mezcla de amor único e irrepetible.

Mis padres pasaron por muertes, traiciones, envidia ajena y venganza indirecta. Esta última pasó cuando yo tenía 12 años. Mis padres no estaban, y era común dejar los portones del garaje abiertos. Apareció un supuesto inspector de UTE y, cuando lo vi, estaba manipulando el contador. Le dije que mis padres no estaban y se fue. Horas más tarde, lo citaron al juzgado y papá fue a hablar con un primo que trabajaba en UTE. Le pidió que averiguara, pero del juzgado lo llevaron preso sin culpa, desatando otra vez el infierno. Meris y yo teníamos mi viaje de fin de curso a Córdoba, y papá no quiso que lo perdiéramos. Para mi madre, fue una tremenda situación, ya que de nuevo mis abuelos no podían enterarse. Ella se apoyó en un amigo de la familia que resultó ser un estafador junto al abogado.

Papá estuvo quince días preso, y después pasaron dos cosas: no encontraron causa para su arresto, por lo tanto, fue el primer sobreseído de Uruguay por un caso así y no daba derecho a cierre de causa (la que mis padres pagaron de manera injusta al abogado).

Lo otro es que fue una venganza de un jerarca de UTE hacia el primo de papá. Lo dejo a su libre calificativo.

Lo que sí es que después de eso papá ya no fue el mismo, pues se acentuaron los celos y desconfiaba de todo, tendía a explotar con facilidad, cosa que antes no, y muchas veces se quedaba callado, como cuando compraron la casa por un préstamo de su trabajo. Y, qué raro, también fuimos estafados con un pagaré que sé que mis abuelos cubrieron porque casi perdemos la casa. Y lo peor, mi padre se paró frente a las vías del tren (que pasaba en frente de casa) para matarse; así nos liberaría del problema. Menos mal que reflexionó.

Pudimos salir adelante con trabajo y gracias a Meris, que daba gran parte de su sueldo para aliviar la carga. Nada era fácil, todo costaba una enormidad. Cuando se jubiló, prestó el dinero del premio de retiro a unos supuestos «amigos» y jamás lo devolvieron.

Todas esas pérdidas y estafas parecían superarse de manera fácil, pero lo que no se dice se queda en una parte muy importante del inconsciente (este ocupa el 95 % de nuestro cerebro y, al igual que el disco duro de una computadora, guarda todo lo que no resolvemos). Y cuando creemos haber superado el problema, aparece el síntoma. Y tal cual, a papá le apareció, pero quedó ahí, quieto, al acecho de un nuevo acontecimiento que, aunque pareciera diferente, tenía el mismo motivo de fondo.

Mis padres parecían ser el blanco perfecto para estafas y abusos. Con el tiempo y lo que fui aprendiendo, me di cuenta de que era su programa y que ellos atraían vivir esas experiencias.

La explicación a esto la pude ver desde la biodescodificación, donde nada es casualidad. Cuando no revertimos lo que estamos viviendo porque no logramos darnos cuenta, nuestro inconsciente atrae a quien nos lo muestre, hasta entender que debemos hacer un cambio, siempre que lo podamos visualizar.

Mis padres lo continuaron por siempre, y además nos lo transmitieron a nosotras, sus hijas.

Capítulo 2

¿Hermanas unidas desde el amor o el mandato?

Los hermanos sean unidos, esa es la ley primera; porque si pelean, se los devoran los de afuera
Martín Fierro

Meris, la primera hija muy deseada por la familia, y también la primera nieta, era una niña que desde pequeña mostraba cierta rebeldía. Era muy difícil en cuanto a sus gustos con la comida, lo cual sacaba de quicio a mamá, sobre todo por la impotencia que sentía al no poder alimentarla bien y el miedo a que enfermara por ello. De complexión muy delgada, mamá le confeccionaba vestidos con faldas muy armadas. Como dije antes, rebelde y muy caprichosa, un día se vino caminando desde la escuela sola, recorriendo más de veinte cuadras. Cuando llegó, mamá estaba en un ataque de nervios; lo peor fue pensar por dónde había pasado, pero en fin, ella se quitó las ganas de hacerlo.

Al nacer Iris, Meris tenía unos cuatro años, y su infancia se vio muy sacudida por la enfermedad de Iris y el dolor de nuestros padres. Después, por el duelo eterno y la sobreprotección de mamá; el miedo a perderla también. Imagino que no fue nada fácil para ella. Cuando llegué yo, se desató en ella lo que sería un sentimiento que se albergó en su inconsciente durante años y la dañaría sin darse cuenta en su futuro: los celos.

Pensó desde un principio que yo era más linda que ella, y presintió que también la preferida, pero me adoraba. Nos llevábamos nueve años y medio; ella pasó a ser mi protectora, por lo tanto, muy unidas, y fuimos criadas con ese mandato de estar siempre juntas, tal es así que éramos inseparables. Mientras era chica, ella me llevaba con sus amigas. Cuando vivíamos en Progreso, una localidad de Canelones, un lugar muy lindo donde vivimos momentos hermosos como familia, y también de algunos no tan buenos, pero siempre pudimos superarlos gracias a la unión que teníamos los cuatro.

Fuimos a vivir allí después de una gran discusión con mi abuelo Ciriaco, y mis padres decidieron vivir lo más lejos posible de él. Tal es así que la reconciliación demoró muchos años. En Progreso vivimos desde que tenía tres años hasta que cumplí nueve. Alquilamos una casa muy linda, y lo más importante es que nos sentimos libres del control de mi abuelo. En ella criamos conejos, gallinas, cerdos, y tuvimos una pequeña granja. Un día, mis padres comenzaron a vender en ferias barriales, además del trabajo de papá, lo que ayudó de manera considerable a nuestra economía.

Hice mi primaria y secundaria en un colegio católico, en el cual viví momentos hermosos, pero donde también conocí lo que hoy se denomina *bullying* por parte de algunas compañeras, y eso me marcó en mi autoestima. Crecí sintiéndome desvalorizada; además, me veía con sobrepeso cuando no lo tenía, pero a pesar de ello seguí adelante.

A mis nueve años, mis padres pudieron comprar una casa con un préstamo del puerto (donde trabajaba papá), y nos fuimos a vivir a La Paz. Yo continué estudiando en Progreso hasta terminar el liceo; tenía mis amigas y no quise cambiar de lugar de estudio. Reconozco que fue bastante sacrificado seguir allí: madrugaba mucho y mamá, todos los días, me acompañaba a tomar el tren. A la vuelta, me quedaba en el liceo dos horas hasta la hora del tren de regreso. La hermana directora era súper desconfiada y nos obligaba a quedarnos; después, nos vigilaba hasta que llegábamos a la estación.

Un día, en el camino, saludé a un amigo de papá y, al día siguiente, me llamó a la dirección para que le diera detalles de quién era. Yo odiaba eso; lo único que me generaba era mucha rebeldía. Jamás tuve problemas con mis padres, ya que ellos confiaban en mí, además de darme herramientas para poder defenderme y saber lo que era correcto y lo que no.

Meris tenía novio y mi madre me hacía ir a todos lados con ellos (cosa que odiaba), pero en esa época era lo usual y no se discutía.

Crecí con un mandato que quedó marcado a fuego en mí: «Ayudar». Siempre se ayudaba. Por ejemplo, mi primo Jorge (hijo del hermano mayor de papá) se casó y se quedó sin plata para pagar el hotel de su luna de miel, y qué casualidad, su padre lo ignoró. ¿Y dónde acudió? A nosotros. No solo se le pagó el hotel, sino que además vivió en casa por casi ocho meses, un verdadero infierno. Y no por mi primo, que trabajaba todo el día, sino por su esposa, que era altanera y muy refunfuñona, además de no ayudar. Llegó un momento en que en casa se comía calabaza de todas las maneras, porque el dinero era escaso y ellos no aportaban, o si lo hacían, era muy poco. Todos los días eran iguales: caras largas, y no entendía por qué mis padres lo permitían.

Hasta que un día mi tío de Buenos Aires nos mandó de regalo pasajes y fuimos a visitarlos. La pasamos muy bien, paseamos y disfrutamos mucho. Nos vinimos un día antes de la fecha y, al llegar a casa, nos encontramos un desastre: la casa estaba llena de gente, con un desorden enorme, y esa fue la gota que rebasó el vaso. Mis padres pusieron punto final a esa situación y, con el transcurrir de los días, Meris notó que le faltaba un anillo de oro. A los días, mamá lo encontró dentro de ropa sin uso de papá. Deducción: estaba preparado para llevárselo y no le dio el tiempo, ya que nosotros llegamos antes. Por supuesto, otro motivo de rencor, ya que nos alejamos de toda esa parte familiar. Cuando mi primo no pudo pagar el hotel, todos le dieron la espalda, pero que mis padres, después de ocho meses y soportar infinidad de situaciones, pusieran un punto final, fue motivo de crítica y alejamiento. Pasamos a ser personas no gratas.

Tiempo después, Meris descubrió que su novio tenía otra «novia» y que estaban conviviendo. Se armó un tremendo escándalo y terminaron; otro duelo más, y yo, como hermana, al firme.

Meris creció con la obsesión de tener hijos (después comprendí que eso también fue un mandato familiar), y comento esto porque, con el tiempo, conoció a su nuevo novio en un baile. Estuvieron de novios por unos años. Él venía de una familia de muchos hermanos; su madre había fallecido cuando él era adolescente y vivía con su padre y tres de las hermanas solteras. Era una relación sin sobresaltos: se querían y estaban poco a poco juntando para casarse.

Meris, de forma sorpresiva, comenzó a sentirse mal, y mis padres, preocupados, sobre todo por lo que las personas hablan, piensan que ayudan, y es todo lo contrario. Nunca dicen nada alentador; todo es trágico. Ella tenía pérdidas, pero eran incoloras. Mis padres, sin entender lo que le pasaba, y después de recorrer todos los ginecólogos de la mutualista, terminaron pagando un ginecólogo particular, y dieron con el diagnóstico: embarazo y de alto riesgo de perderlo, ya que ese líquido era el líquido amniótico.

¿Se imaginan? Meris, que negaba haber tenido relaciones (algo que podía suceder; ella tenía 30 años), y es por eso que no imaginamos que pudiera estar embarazada. Mis padres asumieron la noticia apoyándola en todo, pero mamá pidió que mi abuelo no se enterara, y yo me sentí en ese momento muy traicionada por no confiar mi hermana en mí.

Otra vez, mezcla de ilusión y duelo por el riesgo, y yo al pie del cañón una vez más, tan solo tratando de contener a ambas partes y perpleja por el silencio de Meris. No entendía que siempre nos contábamos todo y confiábamos una en la otra. Jamás noté ni me dijo nada.

Por supuesto, se inventó una mentira para mis abuelos que justificara la quietud de mi hermana, y así fueron pasando los meses. Hasta que, a los siete meses, comenzó con molestias y la internamos en el Hospital Británico (mutualista particular), donde atendía el doctor Burgos. La prepararon y la llevaron a recibir a su bebé. Pasamos muchos nervios hasta que el médico vino y nos dijo que le habían hecho una cesárea y que la bebé vivió unos minutos (tenía una infección generalizada). El médico le preguntó a mamá si ella iba a recibir sepultura, a lo que sin consultar respondió:

—Déjenla acá, si se puede —y no se habló más.

Yo, hasta hoy, me pregunto por qué no reaccioné ante ese abandono, diría cruel, de que ni siquiera nombre le pusieron. Y ahí quedó olvidada por unos padres irresponsables y una abuela que le ganó el miedo, donde nadie hizo nada. Y me lo reproché desde que comencé mi cambio, pero en ese momento (y no me justifico) solo pensé en Meris y su dolor y estar con ella.

Ella pasó internada cinco días y después, como mentir de nuevo. Mi cuñado sinceramente estuvo pintado; jamás afrontó lo que hizo, ni tampoco defendió a su hija. Solo hizo lo que su suegra resolvió, dejando atrás un ser que se escondió como algo aberrante solo por haber sido concebido antes del matrimonio. Y en este punto, mi madre castigó el hecho como si fuese sus padres. Hasta dónde se llega por miedo.

Ellos se casaron enseguida y volvieron en quince días de su luna de miel. ¡Y sorpresa! Meris vino embarazada y muy feliz por eso, pero… a quietud de nuevo.

Mi abuelo, antes de fallecer, dejó el mandato de que si Meris se casaba, le dejaría el departamento al fondo de su casa (nosotros vivimos ahí hasta mis tres años). Y adivinen: yo me trasladé al departamento para cuidarla. Mi cuñado trabajaba casi todo el día y, en fin, nos turnábamos con mamá y la abuela para cuidarla.

El 30 de diciembre nació por cesárea Jaquelín. Estábamos muy felices; pasé con Meris el fin de año en el sanatorio y, bueno, a comenzar la vida con este nuevo rol de tía que me encantó. Pero algo que no esperaba: a los nueve meses de Jaque, Meris se embarazó de nuevo. El médico dijo que tenía facilidad por su útero bajo.

Y esta vez, me convertí en ama de casa y mamá, porque otra vez quietud. Ahí yo tenía 20 años y recién me había recibido de mecánica dental, pero sin poder disfrutar de ello ni tener la posibilidad de buscar trabajo, me convertí en ama de llaves y de niñera. El 21 de abril nació Ricardo, y ella había decidido con el médico ligarse las trompas; era la mejor solución, ya que no deseaba más hijos, y lo hizo sin consultarlo con mi cuñado. Hubo un descuido o falta de comunicación con el anestesista, y Meris sintió toda la maniobra de la cesárea sin poder gritar. Al salir de la sala, se los dijo a las enfermeras y no le creían, pero ella les mencionó palabras técnicas que solo los médicos y enfermeros conocen, y no podían creer lo que sufrió. Siempre se ha mostrado rebelde y queriendo vivir sus propias experiencias, pero en verdad mis padres la entendían como una «hija problema».

Sin embargo, ellos realmente, de manera inconsciente, la protegían y la veían como la más débil de las dos; en cambio, yo era la «fuerte», y la que no daba problemas (en verdad, yo me lo impuse porque me aterraba hacer algo que los molestara o los hiciera sufrir).

Su vida transcurría entre pañales, la casa y no mucho más. Como ella aceptó no trabajar más y mi cuñado no ganaba mucho, la escasez empezó a mostrarse, y mis padres, como siempre, ayudaban. Los domingos, con la excusa de verlos, íbamos a almorzar y les llevábamos de todo para aliviar su economía.

Cuando mi sobrino Ricardo cumplió un año, lo festejaron a medias con un hermano de mi cuñado, cuya hija cumplía 10 años. Al poco tiempo, mi cuñado comenzó a decir: «Estoy mal, la casa me ahoga», etc. Mi padre, una noche, fue a esperarlo a su trabajo (él se desempeñaba como chofer de ambulancia en la salud pública en la localidad de Las Piedras) y le preguntó si tenía otra mujer. Él le respondió que el problema era mamá, que estaba cansado de que se metiera en todo.

Él iba y venía, y mi hermana, con los niños, vivía un infierno. Un día, ella incluso le rogó de rodillas que se quedara; pero, como las mentiras «tienen patas cortas», las hermanas de mi cuñado le dijeron la verdad: que él estaba con la esposa de su hermano (con quien festejaron el cumpleaños). Mi hermana juntó todas las pertenencias de mi cuñado, lo esperó a que llegara y lo echó.

Ante esa situación, se vinieron a casa con los niños un tiempo, y de nuevo dramas, duelos, y mamá que vivía todo como propio.

Y entre idas y venidas, Meris se divorció y se instaló en casa un tiempo, hasta acondicionar un departamento de un dormitorio que se comunicaba con la casa de mi abuela Blanca, para que pudieran vivir juntas. Fue una buena idea hasta que Meris retomó su antiguo trabajo en una fábrica textil a pocas cuadras de nuestra casa.

Mi abuela no le permitió contratar una niñera. Cuando falleció mi abuelo, cambió su carácter: se volvió combativa y muy fría.

Ante esta situación mamá y yo decidimos turnarnos una semana cada una para cuidarlos, hasta que al final terminaron viviendo en nuestra casa. Les cedí mi dormitorio y yo dormía en el *living*. Los fines de semana ni pensar en poder dormir; mis sobrinos, a las siete de la mañana, ya estaban sobre mí. Eran chicos, pero mi humor no era el mejor, ya que me sentía todo el tiempo invadida.

Me costó mucho encontrar un trabajo fijo. Estuve un año en un laboratorio donde me sentí muy bien y querida. Durante mi licencia, pude ir con tres amigas a Florianópolis; toda una aventura, y la pasamos muy bien. Fue mi primer viaje lejos sin familia y, en verdad, me sentía libre como nunca.

Al año siguiente, me quedé sin trabajo porque ya no podían pagarme y comencé a trabajar en la feria vendiendo medias y me fui ayudando durante casi un año, hasta que en febrero de 1991 me llamaron de un laboratorio donde había sido recomendada por mi anterior patrón.

Ese mismo mes conocí a mi esposo Jorge y terminé el año muy feliz.

Meris comenzó a construir su casa por ayuda mutua, algo en lo que también le dimos una mano porque estaba sola y los chicos no tenían edad aún. Yo la apoyaba con las horas de construcción y papá le hacía las serenadas, y así nos fuimos alternando durante su construcción.

Mientras tanto, Jorge y yo organizamos nuestro casamiento. Es una de las etapas más lindas: comprar todo lo de la casa, y después de todo lo que conlleva un casamiento, llegó el día tan esperado. Nos casamos el 19 de febrero de 1993 por civil y el 20 por iglesia. Fuimos muy felices y nos fuimos de luna de miel a la playa. Al volver, vivimos en un departamento alquilado.

Duró poco lo bueno. La madre de Jorge me marcó muy bien lo que yo era para ella; cada vez que hacía algo para convidar, solo traía la porción de Jorge, yo nada. Y bueno, me acostumbré hasta que comenzó a utilizarme (llevarlos a los médicos, necesitar esto o aquello) y yo hacía de chofer.

Quedé embarazada a los dos años y estábamos felices por eso, pero adopté a mis suegros; eran más mi responsabilidad, pues a Jorge nunca se le permitió tomar decisiones y solo era un mandadero. Además, mientras yo estuviera al frente, mejor para él, hasta que un día mi suegra enfermó, se internó, y yo me hice cargo de mi suegro, que estaba enfermo.

Estando ya de ocho meses de embarazo, trabajaba, atendía la casa y cuidaba a mi suegro en las tardes. Él estaba enfermo y tenía mucho carácter. Sumado a su enfermedad, no se dejaba bañar por Jorge, y muchas veces tuve que enfrentarme a él. Por suerte, a mí me respetaba, hasta que me sentí mal y el médico me dijo: «Tendrás que elegir: o tus problemas, o tu hijo». Por supuesto, elegí a mi hija, así que mi esposo y yo tuvimos que tomar decisiones difíciles, como internar en un hogar a mi suegro. Cosa que ninguno de los dos estaba de acuerdo, y mi suegra ni quería mencionarlo, pero la obligué; era su deber, no dejar a Jorge solo con eso. Fue muy duro dejarlo en un lugar rodeado de extraños.

El 30 de septiembre nació Natalia. Fui muy feliz; no podía creer que era nuestra.

Fue un parto un poco rápido, y ver esa carita borró todo sufrimiento.

Me reintegré al trabajo al mes; no tuve licencia maternal, pues estaba como independiente en mi trabajo y no tenía derecho. Aunque sí lo tenía, pero en esa época yo era miedosa y no reclamaba nada. Planteé la posibilidad de llevar a Nati a trabajar conmigo, y eso es lo que hice hasta sus seis meses. Después, mi ahijada se ofreció a cuidarla y resolvimos el tema con ella, ya que sabía que la cuidaría como yo.

A los dos años y medio, nació Lucía. Al igual que con Nati, verla fue el mejor regalo. Concebida en la triple frontera durante un viaje a Cataratas, era una dulzura esa carita, y sentí que ella traería paz. No lloraba por las noches como Nati, ya que mi embarazo fue más tranquilo, sin sobresaltos.

Un mes después del nacimiento de Lucía, Meris tuvo la fiesta de entrega de llaves de su casa. Después de tres años, llegó el gran momento del sorteo; mucha emoción, porque al fin podía ver su sueño de tener su hogar, construido con sus manos hecho realidad, es indescriptible. Le tocó una casa sobre la calle, mejor imposible.

Los chicos crecieron y todo transcurría medianamente normal. Meris siempre contaba con mi sobrino como si fuese su esposo, no su hijo (es normal que, cuando se está sola, el varón pase a cumplir ese rol de forma inconsciente). La fábrica textil donde Meris trabajaba cerró, y comenzó a vender tortas fritas en la cooperativa, pero solo lograban sobrevivir.

Ricardo trabajaba en el laboratorio donde yo lo hacía y comenzó a tener ciertos delirios, diciendo que estaba aburrido del trabajo. Un día renunció y empezó a trabajar como jardinero.

Mis padres le compraron una bordeadora profesional para que pudiera trabajar, pero se cansó de eso también, terminando por regalar lo que ni siquiera había pagado. Ahí comenzó su caída en picada.

Un día, él estaba tan sobrecargado que sintió que toda la responsabilidad de su casa caía en sus manos (Meris estaba trabajando poco y nada alcanzaba). Comenzó a sentirse el superhombre con 18 años, hasta que la desesperación lo llevó a cometer un intento de robo. Terminó preso y en su mochila solo llevaba facturas sin pagar.

Estuve un año buscando de manera desesperada por todos lados que lo pudieran trasladar a un lugar mejor, ya que solo pensar lo que podía pasarle era horrendo. Lo conseguí y, después, la ayuda económica de siempre, y ahora se sumaba también mi esposo. Hablando con cuanta persona podía ayudarlo, hasta que alguien logró que lo trasladaran a Cárcel Central, y ahí estaría mejor.

Después de ese tiempo, le dieron la libertad. Buscó trabajo y, como pudo, fue saliendo adelante. Quedaron atrás muchos momentos duros, y papá no logró superar ese *shock* y enfermó de cáncer. Estuvo internado por más de un mes, durante el cual mamá no se quería apartar, y yo, trabajando, me dividía entre médicos, trabajo y mi hogar.

Meris había empezado a trabajar cuidando a un niño, y poco y nada estaba. Ya no sentía cansancio, solo vivía en piloto automático. Ya en ese entonces, comenzaba a quebrarse la relación de hermanas. Con lo de mi sobrino y papá, todo se cargó en mis hombros. Tal es así que Blasina (una de las tantas personas que nos ayudó a que Ricardo saliera del Goncar) preguntó quién de las dos era su madre, pues a quien siempre veía de acá para allá y hablando con todo el que podía ayudar era a mí. Con esto no me siento, ni me sentí, más que Meris; simplemente, ella se paralizó, sumado a esa imagen que siempre di de que «yo puedo». Ahora puedo entender que eso era parte del mandato familiar, además de que la lealtad inconsciente hacía que yo lo permitiera. Me costó, pero lo pude comprender con el tiempo.

Meris perdió su trabajo y comenzó a trabajar para un servicio de acompañantes que cuidan enfermos, y en parte se ocupó de hacer horas cuidando a papá de noche.

En una de las tantas charlas que tenía con papá, me dijo algo que me hizo poco a poco reflexionar:

—Hija, se te ve la aureola.

Le pedí que me aclarara.

—Sí —me dijo—, no podés ser más ángel. Corrés por todos, sobre todo por Ricardo (mi sobrino).

Él decía que yo era su segunda mamá, pero un día traicionó mi amor.

Papá empeoró una madrugada; lo internaron, y mientras tanto solo Meris estaba con él, y mamá quedó en casa. Organicé a las niñas en el colegio y encontré quién pudiera recogerlas a la salida. En la tarde, fuimos con mamá al sanatorio. Estaba muy grave. Después de ver a mamá, él le pidió a un enfermero que lo ayudara a partir y terminar con su calvario. Yo me di cuenta al entrar en la sala: dijo mi nombre y realidad me asusté; su rostro no era el mismo, me miró y falleció. No pude llorar, ya que tuve que encargarme de todo. Meris no estaba en ese momento; se había ido a descansar. Me sentí sola y con la responsabilidad de actuar. Jorge había tenido una actividad del sindicato en el interior y demoró en llegar.

Terminamos todos en el sanatorio porque cerraron las puertas y hasta el otro día no pudimos ir a la sala velatoria. Me costó mucho entender que ya no tendría a ese hombre que, con la dulzura de sus ojos, comprendía todos mis tormentos y consolaba mis lágrimas. Y lo peor, ya no recibiría su llamada cada 23 de enero ni esa flor que él me regalaba. Es indescriptible el dolor de perder a quien nos dio amor, nos defendió y nos puso límites desde el amor.

Mamá quedó sumida en el dolor de perder al compañero de vida que la amó y cuidó. Siguió viviendo entre los recuerdos; no quería por nada del mundo salir de su casa, y la fuimos llevando hasta que ya nos dimos cuenta de que no estaba muy coherente. Se cayó una noche y estuvo tirada por horas hasta que me llamó; se había fracturado y estuvo su recuperación en casa con nosotros. Al año siguiente, ya no se podía retrasar más la venta de la casa y tenerla más cerca.

Después de tanto buscar, encontramos una casita a una cuadra de casa; tenía su independencia y podíamos vernos a diario. Todo esto hizo aumentar la diferencia entre nosotras, que muchas veces yo veía exacerbada de parte de Meris.

La mudanza de mamá fue un caos; faltaba entusiasmo, como si todo se hiciera por obligación. En el último viaje, yo me quedé a despedirme de la casa donde vivimos momentos hermosos y también duros, pero el amor que siempre nos tuvimos nos ayudó como un pilar muy fuerte. La casa que tanto les costó tener a mis padres, sobre todo a papá. Cuando me vino a buscar Miguel, un amigo de la familia, me comentó que hubo un escándalo en la esquina de la nueva casa de mamá, entre mi sobrino, Meris y Jorge, mi esposo; donde este último tuvo que escuchar los epítetos más horrendos de boca de mi hermana. Por un momento se olvidó quién fue para ellos: muchas veces el padre que ellos no tuvieron, el hermano que, sin mediar palabra, les ayudó con tiempo, dinero y movió sus contactos. Jorge tiene reacciones de quien siempre lo trataron como el último de la familia e inútil, pero con un corazón tan noble como pocos.

Eso me dolió mucho, y dije: «¡Basta! No voy a permitir más ofensas» y me alejé de mi hermana, quizás esperando las disculpas que jamás me pidió. Recibí emails, mensajes de texto, etc., por todos lados; fue descargando su rabia y rencor, mezclado con ese sentimiento que albergó desde que nací: los celos.

Ayudé a mamá a armar su casita y tratábamos de no cruzarnos con mi hermana. Un día, mamá nos pidió que charláramos, y lo hice por ella. Nos reunimos en una plaza cercana y solo escuché de ella: «Te escucho». Le dije que todo lo que tenía que decir, y aun así ella, ¿todavía era la ofendida? Simplemente lo dejé pasar, pero había rabia y rencor de su parte; de la mía, el dolor era tan grande que ya no tenía calificativo. Tanto es así que en una de sus tantas llamadas le dije: «Vos no sos mi hermana, no te reconozco».

No podía entender hacia mí tanto desprecio, como si su alma y todo su ser estuvieran poseídos por otra persona. Esto lo pude comprobar con mucho asombro el día que falleció. Nunca me había pasado: estaba sentada y mi hermana, dormida con tanta medicación, esperando que dejara de respirar. De repente, vi sentada en la orilla de su lecho a una señora mayor con un pañuelo amarillo en la cabeza y un vestido rojo; eran los colores de mi abuela materna. Amagó a levantarse y miré a Meris, y aún respiraba. Cuando se paró, Meris dejó de respirar. Yo no salía de mi asombro, pero ahí estaba la razón del sentir y actuar de Meris, pues mi abuela falleció un 26 de diciembre (fecha de concepción de Meris), por ende, desde la psicogenealogía, Meris se transformó en heredera universal de ella, y creo que lo que más heredó fue su carácter, que era muy ruin.

Cuando supe de su enfermedad, me di cuenta de que su «vaso» estaba lleno y todo lo que ella decía que olvidaba, lo que le dolía, no era así. En una de las tantas charlas en el sanatorio, se largó a llorar y me dijo: «Es triste reconocer que me equivoqué».

Un día, mientras iba camino a mi trabajo, le envié un audio de un poema de Mario Benedetti.

No te rindas

No te rindas, aún estás a tiempo
de alcanzar y comenzar de nuevo,
aceptar tus sombras, enterrar tus miedos,
liberar el lastre, retomar el vuelo.
No te rindas que la vida es eso,

continuar el viaje,
perseguir tus sueños,
destrabar el tiempo,
correr los escombros y destapar el cielo.
No te rindas, por favor no cedas,
aunque el frío queme,
aunque el miedo muerda,
aunque el sol se esconda y se calle el viento,
aún hay fuego en tu alma,
aún hay vida en tus sueños,
porque la vida es tuya y tuyo también el deseo,
porque lo has querido y porque te quiero.
Porque existe el vino y el amor, es cierto,
porque no hay heridas que no cure el tiempo,
abrir las puertas, quitar los cerrojos,
abandonar las murallas que te protegieron.
Vivir la vida y aceptar el reto,
recuperar la risa, ensayar el canto,
bajar la guardia y extender las manos,
desplegar las alas e intentar de nuevo,
celebrar la vida y retomar los cielos.
No te rindas, por favor no cedas,
aunque el frío queme,
aunque el miedo muerda,
aunque el sol se ponga y se calle el viento,
aún hay fuego en tu alma,
aún hay vida en tus sueños,
porque cada día es un comienzo nuevo,
porque esta es la hora y el mejor momento,
porque no estás sola, porque yo te quiero.

Y vaya si la amaba y la amo, pero entiendo que ella se quedó acurrucada en su dolor y yo no pude salvarla.

Heredero universal de un ancestro

Cuando una persona fallece el mismo día que otro integrante de la familia, puede tratarse de una fecha significativa, como la de concepción o cumpleaños. Es una condición que el fallecido haya conocido al heredero; en este caso, se cumplen todas las premisas. ¿Qué se hereda? Al pie de la letra, la vida de ese ancestro, incluyendo cómo vivió y cómo murió. En el caso de mi abuela, ya era mayor, pero lo que sí heredó Meris fue su odio y rencor.

Otro punto a tener en cuenta es que cuando coinciden en las fechas, ese ancestro que muere ofrece un homenaje de amor inmenso hacia quien queda. Y si algo puedo afirmar es que ella adoraba a Meris.

Capítulo 3

Mi despertar

Mi despertar fue como una gota a gota en el vaso de mi vida; poco a poco me daba cuenta de que cada vez me sentía con más obligaciones y menos derechos. Sentí que el «yo» era importante en la medida de lo que podía dar y que el «no» no existía en mi vocabulario. Infinidad de situaciones que viví fueron mellando y, a su vez, llenándome de interrogantes que con los años fui entendiendo, a medida que transcurría el camino de mi sanación. Eso hizo más grande la brecha entre mi hermana y yo, además de que tomé decisiones que ahora sé dolieron mucho, pero era lo que en su momento sentí.

Mi despertar comenzó un día, mientras miraba fotos con mis hijas. Ellas estaban chiquitas, y yo me miré y me di cuenta de que mi sonrisa era solo un gesto, no sonreía con ganas. Entendí que ya no quería esa vida; empecé a cuestionarme todo, sobre todo mi matrimonio. Sentía que tenía un hijo más, no un compañero; todo pasaba por mí, decisiones con sus padres, jamás me discutía nada, como tampoco me proponía salir como cualquier pareja. En vacaciones, todo era arreglar la casa o andar en la vuelta, y todo eso fue mellando la relación, sumado al bagaje que yo traía de mi parte. Es tal cual lo que dice la psicogenealogía: que los árboles se juntan para sanar. Y en mi caso, sentí que era más de lo mismo, y un día me atreví y se lo dije. Pero él nunca pensó en mi decisión, pues para él nos casamos para toda la vida y no concebía el arrepentimiento.

Se daban situaciones en las que ya no podía verlo como mi compañero. No percibí ningún detalle, como adivinar lo que yo pudiera querer o ponerse en mi lugar. Trabajaba doce horas y, en temporada alta, de domingo a domingo. Muchas veces era tal el cansancio que soñaba con bajar del ómnibus y que estuviese esperándome, y nada. Caminaba llorando hasta casa. Todo lo que viví con la familia, mi cuerpo me pasó factura, y una noche, durmiendo, me ahogué, y eso me llevó a terminar operándome de la tiroides. Coordinar todo: trabajo, casa. Y cuando llegó el día, le tuve que pedir que me acompañara a internarme; él no se daba cuenta de hacerlo sin que se lo pidiera o mandara. Eso es el resultado de una vida donde fue desapercibido por los padres e inutilizado en cuanto a tomar resoluciones.

Todo tuvo un límite para mí, y nos separamos. Manteníamos una relación linda de amistad y contábamos el uno con el otro. Tal es así que ambos, con el tiempo, tuvimos parejas. A su vez, comencé a adentrarme en las terapias holísticas, aprendiendo y sanando. Con cada técnica que aprendí, más fui descubriendo que amaba eso y que era mi vocación. Lo que estudié (mecánica dental) descubrí que fue por descarte, y con mis 45 años encontré lo que es mi misión: ayudar al otro, pero no desde correr sin pensar si lo deseo o no, sino desde poder ayudarlo a darse cuenta de su valor.

Fueron muchos maestros con los que me crucé, que me enseñaron lo que sé, pero también tuve los «maestros» de la vida, que me hicieron ver lo que debía cambiar y lo que, con dolor, debía entender y aprender.

El camino no es fácil; muchas veces me sentí muy sola, como alguien diferente. Poco a poco fue cambiando mi forma de pensar y sentir, y con ello fui alejando personas y atrayendo otras.

Cuando me separé, sentí que era lo correcto, a pesar de que económicamente no sería fácil. Pero comencé a tener más trabajo y mejores ingresos; además, mi esposo me apoyaba mucho.

Aprendí que hay que darle cabida a las señales y lograr soltar sin ponerle pensamientos negativos, teniendo la certeza de que las puertas se abrirán a su tiempo. Y así se fue dando, poco a poco.

De los maestros de «la vida», como yo los califico, fueron muchos, pero solo nombraré a tres que, para bien o mal, dejaron huellas muy profundas en mí.

Guillermo fue uno de ellos. Lo conocí una tarde, y poco a poco despertó en mí un sentimiento muy especial. Él, como pareja, me enseñó a compartir la mitad de todo, pues era un hombre con muchos conocimientos, pero sin recursos económicos. Por ayudar, dejó su trabajo en Argentina (constructor) y se vino a cuidar al abuelo y al tío. El tío falleció, y se fue quedando hasta que se dio cuenta de que lo había perdido todo allá. Retomando, compartimos la mitad, pues a veces teníamos en su casa para comer una torta frita y comíamos media cada uno, y muy felices. Eso fue verme reflejada en la vida de mis padres muchas veces. Estuvimos un año; puedo decir que fue un amor sin egoísmo. Él siempre me decía que yo era muy buena, y yo pude darme cuenta de que eso no duraría para siempre, ya que su corazón estaba más en Argentina, a pesar de haber nacido acá. Además, era un ser que amaba la aventura, y en ese punto a mí me gustaba lo seguro y predecible, cosa que con el tiempo me di cuenta de que era una creencia heredada. Un buen día, se fue y nunca más nos volvimos a ver.

Como me dijo: «Caminaré por la vida sabiendo de tu amor por mí», yo sentí que debía renunciar por su felicidad, aunque recuerdo que su última partida me dejó devastada. Lo viví en silencio para no mostrar mi dolor. Muchas noches, en mi cuarto, lloré hasta quedarme dormida. Hoy sé que fue lo correcto.

El tiempo transcurrió, mamá ya vivía con nosotras y comencé a pensar que necesitaba ayuda con mi casa; no disponía de recursos para arreglarla y no quería pedirle ayuda a mi ex. Tal cual, «lo que piensas, lo creas».

Y Alejandro llegó a mi vida. Era el diablo vestido de súper sabelotodo; no sé aún qué me pasó, pero cuando quise acordar, ya lo tenía viviendo en mi casa y haciéndole la vida a cuadritos a mis hijas. Yo solo quería arreglar mi casa. Tenía un carácter horrible, vivíamos peleando; era el típico narcisista y manipulador. Después de que mi madre falleció, logré reaccionar y lo eché de casa con la firmeza de quien sabe lo que dice. Una tarde sentí una voz que me dijo: «Te está engañando», y no lo desmintió cuando lo enfrenté al llegar a casa. Verlo acostado con toda comodidad mientas yo venía de trabajar cansada, no me pude aguantar. Recuerdo que apagué la estufa y, con absoluta firmeza, le dije: «Déjame las llaves y te vas».

Me dijo que no, y sacó de la mesita de noche una navaja, diciendo que se mataría, a lo que le respondí: «Hacelo, y no solo llamo a la policía sino también al loquero». Ni yo me reconocí actuando así, pero sentí que debía defenderme y a mis hijas y mi hogar. Además, era un loco con muchas idas y vueltas; pude sacarlo de mi vida. A pesar de todo, y de que un día le pedí perdón a Lucía por lo que soportó, también fue alguien que me hizo ver y valorar, por ejemplo, a Jorge, que era un hombre íntegro, que jamás me había hecho nada que me ofendiera y que su amor por mí era real. Esto hizo que, con el tiempo, volviéramos a ser una familia de nuevo.

Otro maestro de la vida fue mi expatrón, llamado también Jorge, un ser ambicioso, egoísta, el clásico «como yo hago las cosas, nadie las hace». Durante treinta años trabajé con responsabilidad y, como en todo trabajo, hubo muchos equívocos y aciertos, pero jamás falté; enferma, con dolores o complicaciones, nunca falté. Como me encontraba en mi propio «programa», no supe darme cuenta de que él me ninguneaba, y como todo victimario se puede transformar en víctima, el enfrentarlo con mi verdad no tuvo más remedio que aceptar que yo tenía razón. De igual manera, económicamente me perjudicó muchísimo. Cuando cumplí 60 años, me despidió como material desechable; me pagó una indemnización que él sabía que no era ni la mitad de todo lo que me robó durante años. Pero solo le deseo que sea feliz, y de nada vale el rencor; solo sentí dolor por ser desechada y que para él no valía ni una despedida ni un gracias por los treinta años.

Cuando comencé mi despertar, pude ver que en mi vida hubo muchas oportunidades que, por una razón u otra, dejé pasar y no peleé con la fuerza de quien se valora y sabe que puede. Sin embargo, seguí aceptando y descargando mi dolor en la intimidad.

Y como siempre nos sucede, le echamos la culpa al entorno, sin tomar consciencia de que nuestro accionar solo depende de uno.

«El otro solo nos muestra lo que debemos sanar».

Y la base de todo lo que viví tiene un solo adjetivo, *miedo*.

Analizando el miedo

No es más valiente quien no tiene miedo, sino quien sabe conquistarlo
Nelson Mandela

El miedo, si bien es imprescindible en nuestra vida para la supervivencia, pues sin miedo seríamos unos kamikazes, el error que cometemos es permitir que nos domine. Esto me sucedió infinidad de veces, y aún hoy cuesta dejar de sentirlo.

Es posible que todos sepamos lo que es el miedo por propia experiencia. Se puede sentir miedo a que te capturen, a la violencia de la policía, a una detención, a que te roben y lastimen... El miedo puede ser a lo desconocido o a lo conocido. Suele entremezclarse, y el primero genera mucha incertidumbre, lo que a su vez genera más sufrimiento. En general, cuanto más clara sea la amenaza, mejor se le puede hacer frente.

El miedo es una emoción. Las emociones son estados (mentales y físicos) que nos mueven a algo o no, ya que existen cuatro diferentes reacciones: ataque, huida, amenaza o paralización, dependiendo de cómo lo vive la persona. Es una respuesta instintiva cuando tu supervivencia se ve amenazada.

Podemos dividir el miedo en saludable, que es parte de nuestro mecanismo de defensa, y en malsano, que es de tipo neurótico, una ansiedad que produce pesadumbre, tensión y pánico.

1. Tipo de emociones: no estamos acostumbrados a analizar nuestros sentimientos, sino a expresarnos desde nuestra razón, ignorando lo que sentimos. Nuestras emociones pueden dividirse en positivas y negativas.

2. Asumir que está ahí: observar con cuál de estas emociones te sientes identificada. Por otra parte, el miedo constituye un mecanismo de supervivencia, una señal que viene del inconsciente para responder ante situaciones adversas con rapidez y eficacia. Es un mecanismo de adaptación, y cómo reaccionamos ante él condiciona nuestra vida y muchas veces nos impide ver más allá de ese miedo. Puedes temer, por ejemplo: a sanarte por miedo a sentirte sola, o a renunciar a algo por sentir que el resultado será peor.

3. Admitir que no tengo el control: naturalizar algunos miedos es una forma de amigarnos con las emociones que nos generan. Suele ser una manera de restarle importancia, saber que están allí sin que produzcan en nosotros una emoción negativa. Son esos miedos, como dije antes, los que están ahí para nuestra supervivencia.

«Tengo el poder de cambiar mi mente y así poder cambiar mi vida».

4. No depender del otro: por miedo a... no hago esto o aquello y me apoyo en quien lo haga por mí. Esto tiene un tema de autoestima: creer en mí lo suficiente para afrontar el reto de superar lo que genera dentro de mí.

«Para generar el cambio solo se necesita una y eres tú».

«Situación evitada, miedo agrandado», tenlo siempre presente.

En otras palabras, el miedo tiene que ver con el futuro y con lo que pudiera suceder; es lo que encierra la «ansiedad», lo que nos traerá el próximo instante y cómo nos afectará ese cambio. El cambio es la esencia verdadera de toda forma de vida, pero cuando se enfrenta con resistencia, nos trae incertidumbre y duda. Si se le da la bienvenida, aporta seguridad y valor en la aceptación profunda de que todo cambia de forma constante. Lo desconocido puede hacernos sentir temor, pero solo penetrando en su interior podemos reivindicar nuestro poder. Lo que contiene nuestra mente puede parecernos terrible, pero ahí radica nuestra sanación; es como una máscara que cubre los problemas más profundos de ira y temor.

«Hay un mundo de amor y también de miedo, que permanece ante ti, y muy a menudo este miedo parece más real y, sin duda, más apremiante que el sentimiento de amor… Se trata de atravesar este mundo de miedo para poder vivir en el mundo del amor», son palabras de Bruce Springsteen.

5. Descubre el miedo: ejercicios.

6. Siéntate en silencio: respira con el corazón, abriéndolo, y sintiéndolo.

7. Descubre tu miedo: cuando la respiración se estabilice y te sientas cómoda y relajada, ve al encuentro con tu miedo. Observa dónde lo sientes dentro de tu cuerpo y en qué lugar del pasado, dónde está en el presente y dónde estará en el futuro, ya sea en tu mente o en tu corazón.

8. No te escondas del miedo: conócelo, siéntelo, y nunca dejes de concentrarte en la respiración. Ella es la herramienta que te ayudará a generar el cambio. Inhala, sintiendo que el aire que entra es fresco y seguro; exhala, sacando fuera todo lo que te molesta.

9. Siguiendo el miedo: ¿de dónde viene? ¿Qué mensaje trae?

10. El miedo te puede hacer perder el control sin un nombre: descubre su origen y ponle un nombre. Defínelo, nómbralo, respíralo y suéltalo.

Estos ejercicios te ayudarán a sentir cómo nuestro cuerpo se manifiesta ante las señales de peligro, que pueden ser reales o simbólicas, tal como nuestro inconsciente las capta, siempre como si fueran reales y en tiempo presente.

También se puede recurrir al anclaje, que consiste en utilizar un gesto o tocar tu hombro y repetir «No tengo miedo, todo está bien». Es muy útil cuando se siente miedo.

Capítulo 4

Seguir a pesar de todo

Dolor profundo de esa herida abierta, traición que llega a calar hondo, como estar desnuda en el hielo, tener que oír tanta injusticia, y a pesar de todo, seguir caminando

Cuando la traición proviene de alguien de tu familia, y más aún si es tu ahijado, quien además te percibía como su segunda mamá, duele, y es una herida que cuesta cerrar. Mi sobrino Ricardo un día me pidió que creáramos una miniempresa y que la abriera a mi nombre, pues él estaba en lo que se llama *clearing* (es cuando no se paga un crédito). Yo confié en él, y además lo vi como una posibilidad de poder tener un ingreso extra. Lo hicimos y, en resumen, fue un año de mucho estrés: él contrataba y despedía gente, no les quería pagar, y yo daba la cara, sin recibir pago por mi labor y a punto de perder mi casa. ¿Cómo logré salir de esto? Teníamos una obra grande, y cuando cobré, no le di el pago hasta saldar la última deuda, lo que hizo que mi hermana interviniera, y bueno, yo era ladrona, etc.

Eso quebró lo poco que quedaba entre ambas. Mamá, al estar en casa, vivió cómo de nuevo se dividían sus hijas, y fue todo un tema. Después, al año, mamá enfermó: le dio un ACV y estuvo siete meses postrada. Y aquí debo mencionar a mis dos soles, con sus 24 y 22 años cuidaron día y noche a su abuela con mucho amor, por siete meses. Yo trabajaba, y mi hermana y sobrina venían cuando podían. Un 15 de diciembre, mamá decidió partir cuando yo logré soltarla. Sí, soltarla, y eso fue gracias a mi amiga Beatriz, que además es colega, y me hizo ver que yo no la dejaba ir y mamá sentía que no quería dejarme con tanta carga. Y vaya si lo fue: las casas de mi abuela, que yo administraba, se me hicieron muy pesadas.

Cuando me di cuenta de eso, tuve una charla con mamá donde le dije que la amaba, que estaba feliz de los padres que tuve, y que si lo decidía, se fuera tranquila, que todo estaba en orden. Y ese día, a las 22 horas, estábamos Nati, Lucía y yo cambiándola, y falleció. Se cerraba para ella una vida de dolor y sufrimiento que formaba parte de su personalidad. No concibió la vida sin lágrimas y dolor.

Es muy difícil salir de ese programa que llamamos «zona de confort», porque si algo he aprendido desde mi despertar y siendo terapeuta, es que solo la persona puede atravesar ese puente, el puente del cambio y sanación, pues solo ella podía hacerlo. Pero, estaba convencida de que no merecía ni eso.

Cuánto dolor pueden infringir en uno las mentiras, y mamá fue marcada a fuego por eso. Analizándolo como terapeuta, la diferencia de edad que había entre mis abuelos me dice que mi abuela fue inducida a tener relaciones, y cuando descubrió el resultado, le dio tanta vergüenza que solo pensó en deshacerse del problema (imaginó las consecuencias) de quedar embarazada antes de casarse. Ahora entiendo que en la familia de mi abuela no era muy aceptado el abuelo.

Meris se empecinó en vender la casa de mi abuela, de la que me hice cargo por mucho tiempo, y en verdad ya estaba muy cansada de eso. Decidimos que ella hablaría con los primos de Argentina, y el resultado fue que no se podía, ya que salieron con fantasmadas. Al final, logramos vender nuestros derechos sucesorios.

Al año de la muerte de mamá, mi hermana comenzó a sentirse mal, y me enteré cuando ya habían pasado unos meses. Después de varias vueltas en médicos, le diagnosticaron cáncer que se encontraba alojado entre el útero y la vejiga. Le hicieron tres operaciones y sufrió mucho. Seguir adelante sabiendo que mi hermana se estaba apagando era muy duro, y saber que lo que estaba viviendo era el resultado de callar, de duelos no hechos y de malos entendidos, como creer que yo era la preferida (cosa que logré aclararle), de darse cuenta de que la pareja que tenía era más de lo que vivió y le mostraba su programa de «no valgo» y violencia verbal.

Llegó a entender que se equivocó, y eso la hizo llorar mucho. Sentí impotencia cuando le pedí que no se hiciera quimio, porque no la soportaría: estaba muy delgada y no me escuchó. La desesperación de verla replegada, sin luchar, como si sintiera que se merecía eso, y con todo lo que aprendí, nada pude hacer. Como me dijo una maestra, Fernanda: «Ella está en un lugar del que no quiere salir, y vos no podés ayudarla».

Y tal cual, después de su primera quimioterapia fue su final; la quemó por dentro. Dolor, frustración, y a su vez saber que lo que vivió ella, de manera inconsciente, lo eligió. Sé que no es fácil entender, pero es así: uno elige vivir con mochilas por no hablar, por creer que podía sola con su duelo que jamás superó, un dolor que se fue manifestando más intenso con el tiempo hasta que su cuerpo no pudo más.

Aún me cuesta aceptar que no está, a pesar de los últimos años en los que me vio de forma diferente. Supe entender que un alma resentida se había apoderado de su corazón y lo endureció al punto de no reconocer quién era su hermana. Pero lo entendí y lo acepté, y hoy la extraño mucho, porque no pudimos darnos la oportunidad de sanar juntas ese vínculo que se rompió en algún momento y cuyo daño no se puede reparar. Pero hoy te digo, hermana: «Te amo» y no te merecías sufrir así.

Muchos son los hechos vividos en los cuales debí seguir a pesar de todo: ver la enfermedad de mi abuelo Alberto (leucemia), y cada vez que lo visitábamos en su casa, sentir la indiferencia y el maltrato por parte de su hijo mayor y su esposa. Sentía impotencia, ya que él no quería abandonar su casa, como suele pasar, aferrándose a los recuerdos o los ladrillos. Sentir tanto amor por él y verlo apagarse poco a poco fue muy doloroso, hasta que una noche, estando muy mal, papá le pidió ayuda a un enfermero y este se apiadó de él y lo ayudó a partir. Estamos agradecidos por eso.

Cuántas enseñanzas hay detrás de una vida de dolor. Hoy, cada síntoma vivido por los que ya no están me cuenta lo que sintieron. Rencores y mucho desprecio albergaban en la mayoría de los corazones de estas familias, y hoy me doy cuenta de que hubo muchas historias de odio que llevaron a reacciones de ira acumulada, olvidos, abandonos.

Hoy, con mi visión de terapeuta, puedo dar un paso atrás y observar el escenario donde, por un lado, había historias mezquinas, y por otro lado, fui criada en el respeto por el otro. El amor hacia quien necesitaba ayuda es muy diverso al sentimiento que se oculta en el seno familiar.

Muchos comportamientos se repiten de las anteriores generaciones, que van más allá de los abuelos; son infinitos y muchos no nacieron aquí. El resultado de lo que ellos vivieron y no pudieron resolver se muestra después de muchos años y hasta siglos.

Para continuar y poder sanar rencores y heridas que quedan marcadas a fuego, se requiere haber recorrido el camino de perdonarse los horrores y, como el ave fénix, volver a levantarse.

Es entender que esas personas que amamos de manera incondicional y sin pedir nada a cambio sintieron hacia vos rencores. ¿Y cómo sanar heridas que vienen desde muy atrás en el tiempo? Saber lo que ella sentía por mí, esa envidia sin una explicación lógica que lo justifique. Creen tener la razón, y si hay alguien que está mal aquí, fui yo.

En algunos casos, debía seguir a pesar de todo, porque eran familia y nos unía un lazo muy fuerte.

De pronto me di cuenta de que pasé más de treinta años viviendo la vida de otros, que nunca me permití soñar ni desear nada. Solo disfrutaba cuando podía salir con amigas, y sentía que todas eran mejores que yo; tenía miedo de mostrarme tal como soy yo.

En cuanto a mi trabajo, cerré la puerta y jamás volví.

Muchas veces, en los cursos y talleres se dice: «Sanando a mamá o papá», pero ¿cómo se logra sanar el rencor de toda una familia y sentir que estás en medio de todo, siendo muchas veces el blanco de ese rencor?

Hasta dónde llega tanto resentimiento que, por ejemplo, una madre (esposa del hermano mayor de papá) en su lecho de muerte le diga a su hijo:

—Tendría que haberte abortado.

¿Cuánto dolor puede percibir mi primo? O cuando mi hermana, en una discusión con Ricardo (su hijo), le dijera que nuestro padre murió por su culpa. No se conciben tantas palabras hirientes, si no entendemos qué hay detrás de los hechos y si hay historias vividas de dolor, lo que no justifica que se lastime a tu propio hijo.

Y suelo sentir en mis consultas esa palabra o esa actitud que marca a fuego a quien la escucha o vive. Es muy difícil hacerle entender a quien tiene historias de dolor que sus progenitores no podían hacer otra cosa y, más aún, enseñarles que para poder seguir con sus vidas es importante entender y perdonar.

No es fácil sanar esas heridas; hay que estar muy dispuesto y muy abierto al perdón. Entender que hoy existen miles de técnicas y terapias para poder sanar esas heridas, pero ellos no sabían de otra cosa que callar, obedecer por el mal llamado «respeto». Tutear a alguien o decir lo que se pensaba, manifestar una emoción si algo nos hería estaba prohibido.

¿Y cuántas injusticias se pueden cometer enmascaradas en esa palabra tan solemne-militar: «respeto»? Continuar aceptando, queriendo y ayudando a quien te abandonó, despreció o te carga con todos sus horrores.

Esas vivencias se transmiten de generación en generación; las heredamos en un segmento (75 %) de nuestro ADN que los científicos denominan ADN basura, y en él está todo lo que nuestros antepasados no pudieron resolver, todas sus historias de dolor, y cómo.

¿Hasta dónde nos marca si alguien nace días antes o después de quien vivió eso? Lo recibimos como una herencia que quizás puedan pensar en… «maldita», pero no lo es, ya que somos los elegidos para entender y resolver lo que ellos no pudieron.

Así es como podemos revertir historias de rencor y desprecio dándole un «para qué». Todas las familias somos sobrevivientes de sentimientos negativos, y en cada una de las generaciones de hoy está el poder de revertirlo para que las próximas sean más libres y llenas de amor.

¿Hasta dónde nos marca lo no resuelto? Creo que no se tiene en cuenta que lo que vivimos hace nuestra historia y nuestro presente, y que si bien hay que vivir «hoy», para hacerlo de forma libre es fundamental algo que nos cuesta mucho: perdonar y perdonarnos.

Perdonarme a mí misma es lo más difícil, porque no es fácil reconocer que me equivoqué, que fallé por miedo a no hablar, a no sentirme lo suficientemente valiosa para pelear por lo mío. Hoy, al menos, estoy pagando las consecuencias en la parte económica. Lloré mucho por ello, pero ya no más, porque continué mi camino espiritual a pesar de todo y logré, por fin, perdonarme. Y qué mejor que escribirlo en una carta dirigida a mí, a esa Marta que resurge desde el dolor de lo que no pude hacer mejor, de los que partieron y no pude ayudar, y de los que se alejaron sin motivo.

Carta de perdón

A la nueva Marta:

Me perdono por no haber defendido mi salario y futura jubilación en su momento; por haber dejado que me invadieran el miedo y la cobardía. Dejé que me hicieran creer que no merecía tener dinero, que es sucio y maldito, que solo sirve para ayudar al otro y no para ayudarme a mí.

También disculpo a todos los avaros y mezquinos que no supieron valorar mi trabajo y compromiso con mi labor, y que me utilizaron todo el tiempo con promesas incumplidas; o a quienes lo hicieron en su provecho sin importar mi dolor, o el riesgo que corría de perderlo todo por creer y tener fe en quien no se lo merecía.

De ahora en más, sé que merezco tener en mi vida. Ya no me alejaré para poder encontrarme; sé que yo permití todo eso, y hoy puedo mirarme al espejo con orgullo de haber reconocido mis errores y sentirme libre de todo lo que mi familia no pudo sanar. Y poder entender que con mi despertar ya lo lograron. Ellos me lo dijeron en una sesión de Barras de Access: «Estamos en paz, vive tu vida».

Hoy estoy plasmando en estas líneas que la Marta de hoy se disculpó y se perdonó. Ya no hay más rencores, resentimientos, culpas ni nada negativo. De ahora en adelante, viviré mi camino y mi misión.

Esta carta la escribí una mañana de noviembre, cuando reduje los restos de mi madre. Sentí que ese día cerraba mis «tengo que» con mi familia. Llegué del cementerio y me puse a escribirla. Después, como todo acto psicomágico, la quemé y la tiré a un curso de agua.

Me sentí liberada, dándole un cierre a una forma de vida que jamás sentí mía, que solo viví de a ratos y, muchas veces, viví en automático.

Debo reconocer que el 2021 no fue un año fácil, pero hoy, dos años después, puedo decir que soy libre. Superé duelos, traiciones, y ahora lo único que me impulsa es el amor, el agradecimiento, y siento que es un cambio en mí. Con respeto a mi entorno, trataré en todo momento de dar lo mejor de mí y estar atenta a mis emociones. Sé que no es fácil, pero poco a poco lo iré logrando.

Capítulo 5

Análisis del programa

Lo que se esconde se muestra, y lo que no se resuelve se traslada a las próximas generaciones. Estos, por lo general, son inconscientes

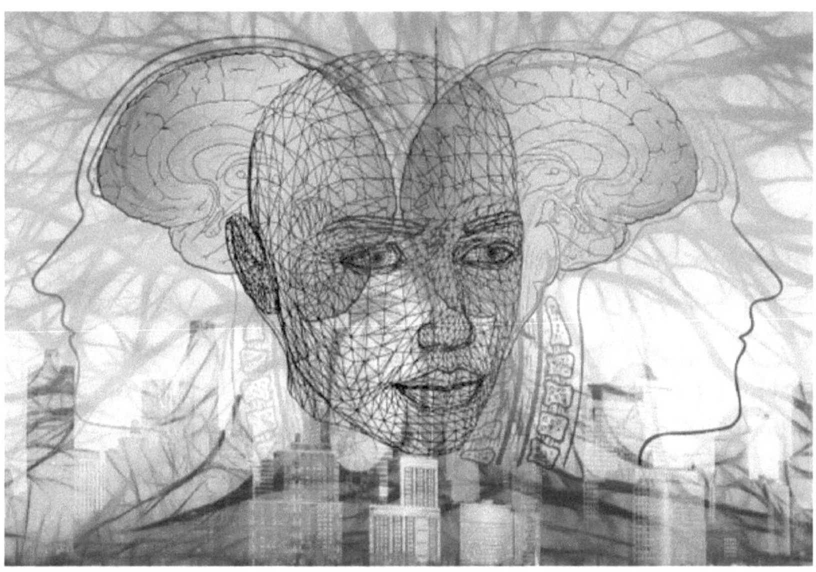

Ellos son grupos de creencias que se unen para determinar una forma de pensar automática y dirigir los comportamientos, creando hábitos automatizados que facilitan el día a día de una persona. Los programas inconscientes se disparan de forma automática cuando percibimos un acontecimiento.

¿Cómo podemos revertirlo?

Con los llamados actos psicomágicos, que engañan al inconsciente y permiten revertir o eliminar estos programas, ya que nuestro inconsciente es como un niño que todo lo cree.

Alguien me dijo una vez: «Tu vida es una película de terror, pero mantén los ojos bien abiertos porque el final es hermoso».

Yo solo tenía 12 años y no entendí qué me quería decir, solo lo escuché, pero al crecer me he dado cuenta de esa predicción.

Todos llevamos mochilas pesadas, y lo que hay como común denominador en una familia se llama «Programa» o *reel*. Son situaciones o síntomas que se repiten a través de las generaciones. Y todo ser que pasa por el canal de parto, o sea, al nacer, viva o no, será cargado con todo ese bagaje desde el ADN.

Partamos de la base de que lo que nuestros antepasados vivieron o sintieron, y no pudieron resolver, se transmite a las futuras generaciones.

A través del ADN, existen dos tipos: el «ADN basura», denominado así por los científicos, ya que aparentemente no tenía una carga a heredar. Con el tiempo se supo que estos, que son el 98 % de la cadena, son los transmisores de todos los conflictos no resueltos por los ancestros.

El 2 % restante del ADN es el que transmite rasgos como el color de pelo y ojos, entre otros. Cuando el bebé pasa por el canal de parto (vivo o no), hereda todo ese bagaje de programas o vivencias no resueltas. Sumado a cómo fue su parto, la fecha en que nació, o el nombre que le pondrán, si coincide con algún familiar vivo o no, se pueden imaginar cuán grande es esa mochila.

Y vaya si las había de una y otra familia; en general, en todas las familias, sin excepción, se anidan hechos que nos avergüenzan y quisiéramos esconder de nuestro historial, pero están ahí, y lo mejor que podemos hacer es entender que los involucrados hicieron lo mejor que pudieron con las herramientas que tenían en su momento. Por otra parte, debemos preguntarnos cuánto de lo vivido por nuestros antepasados nos afecta hoy.

Otro aspecto a tener en cuenta es que siempre nacerá alguien que venga a mostrar todo lo que no se pudo resolver. ¿Cómo? En forma de enfermedad o viviendo situaciones similares que quizás un día sienta la necesidad de resolver y así podrá liberar a quienes vengan en el futuro.

Volviendo a mi familia, sin saber con profundidad cómo vivieron, sus síntomas me cuentan: leucemia, querer desaparecer, no sentirme amado, rechazo por la familia; diabetes, hogar dividido, asco y resistencia, falta de dulzura; problemas de columna, en general una gran desvalorización y un «me siento menos que nada, no me amo». El corazón me habla de pérdidas de lo que considero mi territorio (mi pertenencia, casa, personas, etc.).

Por supuesto, esas son solo las premisas de cada síntoma, pero en la persona puede ser más complejo. Y temas de piel, como los que tuvo mi hermana Iris, separaciones, y yo las heredé hasta mis 12 años.

Son infinitas las «enfermedades», y todas, de cierta forma, traen solapado el rencor, odio, desprecio y muchas emociones más.

¿Cómo sanar tantas emociones negativas? Tomando consciencia de que cada una de ellas me muestra lo que más arriba expliqué: el «programa familiar». Y, a medida que fui avanzando en mis estudios como terapeuta, pude darme cuenta de que yo soy la elegida por el árbol para sanar.

Desde la psicogenealogía, construir nuestro árbol genealógico es muy importante para poder ver y entender para qué estamos acá.

Lo que se hace, además de tomar consciencia, es realizar actos psicomágicos, porque nuestra parte inconsciente (que ocupa el 95 % de nuestro cerebro) es donde se guarda toda la información, incluso la que ni siquiera nosotros sabemos. Es como un niño (al inocente se le puede engañar de manera fácil) y todo para él es en tiempo real, además de que no reconoce el «no».

Entonces, la mejor forma o, digamos, acto mágico son las cartas dedicadas a quienes están en línea de hermandad por fechas, nombre, profesión, parecido físico o misma vivencia o enfermedad.

Cartas para cortar lealtades inconscientes con ese familiar

Línea de hermandad: Son los meses de nacimiento y abarcan un período de más o menos 15 días. Por lo tanto, alguien nacido en enero está en línea de hermandad o sintonía con quienes nacieron en abril, julio y octubre.

1   2   3

4   5   6

7   8   9

10   11   12

Y no solo las fechas de nacimiento, sino también las de concepción (9 meses hacia atrás) o la de defunción de un ancestro.

El yacente ocurre cuando se nace en las fechas de un ancestro, pero con la característica de que ese ancestro no conoció a la persona. Es literalmente como cargar con un muerto, y quien lo vive se puede sentir triste, hablar bajo, vestirse con ropa oscura, etc.

Los rasgos físicos, el parecido con alguien de la familia, también pueden llevar a que sea rechazado o, por el contrario, muy querido.

Un ejemplo es el de mi sobrino (él es muy parecido a su padre en lo físico). Me pasó que, leyendo viejas cartas de mis padres, encontré una de mi sobrino, en donde le dice a mi padre: «Yo siempre me sentí diferente a la familia». Así es cuando hay expulsiones repentinas en el clan; en algún momento nace quien lo muestre, y hará todo lo contrario. Son los llamados «ovejas negras» que muestran su rebeldía haciendo todo lo opuesto a las reglas familiares, y él, sin entenderlo, lo sentía.

También está el hecho de que, para mi hermana, él era una prolongación de ese esposo ausente, y eso es muy común cuando uno de los progenitores no está, el hijo menor pasa a ocupar ese lugar. Entendiendo esto, pude darme cuenta de la enorme responsabilidad que él sintió. Y aunque no se justifican ciertas acciones, son más entendibles.

Mi sobrina, a su vez, es hija de sustitución de mi sobrina fallecida. Ella fue siempre una niña muy querida, pero a su vez no tenida en cuenta para las decisiones importantes. Además, con el abandono de su padre, ella sufrió mucho y le costó creer en el sexo opuesto y formar una familia.

Con los años, formó su familia y tuvo un hijo, Tiago, un niño muy inquieto que vive de manera constante buscando algo que, a mi entender, tiene que ver con su padre. Pues, ellos son dos gotas de agua, tanto físicamente como en la fecha de nacimiento. Su padre es adoptado, y su madre adoptiva falleció cuando él tenía quince años, y de forma inconsciente él sintió ese abandono por segunda vez.

Eso es lo que Tiago viene a mostrar: la búsqueda de mamá.

Capítulo 6

Entender las emociones

Todo lo vivido y sentido parece superado con cada taller o curso al que asistí. En Digitopuntura, que fue el primero, me abrió la mente a un mundo nuevo: medicina china, los cinco elementos, el Ki, el Chi. ¡Por Dios, cuánto puede abrirse la mente para dar paso a tanto conocimiento! Cuando hice auriculoterapia, me di cuenta de que podía aliviar dolores o cambiar conductas con solo tocar el pabellón auricular, y dije: ¡Guau! Comencé a lanzarme a trabajar con lo aprendido, pero la avidez de más conocimiento me llevó a seguir en esa búsqueda infinita del saber.

Y así fui formándome e integrando más y más conocimiento que me ayuda a entenderme y entender lo que hay detrás de la conducta humana.

Disciplinas como la descodificación biológica consideran que la enfermedad se produce cuando no nos somos conscientes de las emociones y no las podemos expresar.

Fue al estudiarla que descubrí mi vocación y que de eso quería vivir el resto de mi vida. Pero había más aún: darme cuenta de que, al haber nacido siete años después que mi hermana Iris, que vivió solo un año, yo era hija de sustitución, y eso cerró muchos porqués... Dio respuesta a la pregunta que muchas veces me hice: ¿quién soy?

Entender que inconscientemente mi madre la veía en mí, sobre todo cuando enfermó, muchas veces parecía que no solo me veía a mí, sino que miraba sobre mi hombro como si alguien estuviese ahí.

Cuando era niña, una vez al mes me brotaba en todo el cuerpo, y ningún médico podía explicar por qué; solo uno dijo que quizás cuando llegara a mi pubertad se me iría. Solo se fue cuando mi madre logró hacer el duelo de mi hermana. En su momento no me di cuenta, pero con la Bio cerré ese paréntesis; y a los seis meses tuve mi primer período. Tal cual, ella soltó y yo ya no tuve que mostrarle a mi madre, de manera inconsciente, que yo era una proyección de mi hermana.

Existen tantos caminos que al final nos llevan a un solo lugar: los «programas», y en ellos están encerrados los secretos, lo no dicho, y todo lo que no pudieron resolver en su momento es trasladado al elegido del clan. En mi caso, yo soy esa elegida, y no es cosa fácil sentir tanta carga en mis espaldas, que muchas veces sentí que era demasiada, pero una voz interior me decía que debo continuar.

Tristeza, angustia, no sentirme valorada... Todo ese conjunto de emociones no se puede revertir de manera fácil; solo estando atenta a lo que ellas me muestran, es lo que se llama «control emocional».

A medida que he ido aprendiendo con cada terapia, he ido sanando lo que pesa y soltando lo que no me pertenece.

Muchas veces he querido expresar lo que me pasaba, pero siempre algo era más grande que lo que yo sentía. Pero esto es algo que también logré superar: todos tenemos algo que decir o expresar, y lo importante es poder ser escuchado.

No podemos solos porque muchas veces (por no decir siempre) nosotros no podemos ver, alguien nos lo tiene que mostrar.

Por eso es fundamental pedir ayuda y estar atentos a lo que nuestro cuerpo nos dice.

Cómo la vida puede cambiar.

Pienso, lo siento, y mi cuerpo reacciona en un clic. Así funciona este «envase» llamado cuerpo, al que pocas veces le damos la atención necesaria. No lo cuidamos, no estamos atentos a lo que lo puede dañar, y aun así, cuando vivimos un estrés inesperado, él busca nuestra supervivencia enviándonos una respuesta en forma de síntoma que, dependiendo del grado de estrés, puede ser pequeño o grande.

Nuestro inconsciente guarda, como un archivo, todo lo que a diario vivimos, sumado a lo que vivieron nuestros predecesores. Es como un niño: todo lo que capta es ahora, y la palabra «no» para él no existe. Por lo tanto, muchas veces un pensamiento o una situación que vivimos la reconoce como algo que ya pasó; se dispara como un cortocircuito a nivel mental, psíquico y físico, y ahí comenzamos una reacción que dura hasta que, por alguna causa, «resolvemos». Y cuando ese estrés se alivia, comienza el dolor o la emoción que nos sacude.

Esto nada tiene que ver con un «ay, pobre de mí, que me enfermé». Lo que debemos preguntarnos es: **¿para qué estoy sintiendo esto?** Porque, como les dije antes, nuestro inconsciente quiere nuestra supervivencia, y cuando nuestro cuerpo siente y duele, recién ahí nos damos cuenta de que lo tenemos.

Encontrando el «para qué» y tomando consciencia, podemos revertirlo. No es algo que podemos hacer solos, pero con ayuda se logra. Y todo esto nada tiene que ver con la cultura, el poder de cualquier tipo, ni la inteligencia; cualquiera lo vive, solo basta que se den tres premisas, como descubrió el Dr. Hammer.

Un *shock* inesperado, vivido en silencio y sin solución aparente para quien lo experimenta. Basándose en esto, y después de indagar con sus pacientes y con lo que él mismo vivió (la muerte inesperada de su hijo Dirk, que le hizo desarrollar un cáncer de testículos), creó cinco leyes que describen muy bien lo que nuestro cuerpo vive y siente.

En resumidas palabras, intentaré contarles cómo funcionan. Cuando se vive un estrés inesperado, donde puedes contar lo que pasó pero no lo que sientes, y en ese momento no tiene solución, se dispara como una especie de cortocircuito a nivel cerebral, formándose una especie de «diana» (anillos concéntricos que solo se pueden ver en una tomografía sin contraste). La

El tiempo no es el mismo para todos, y es muy probable que en el camino surjan dudas, miedos y ganas de bajar los brazos, pero, por experiencia propia, me atrevo a decir que todo llega, no cuando lo deseamos, sino cuando lo necesitamos.

Hoy puedo agradecer a todos mis ancestros, porque sus vidas fueron mi inspiración, y gracias a lo aprendido, puedo entender tanto rencor que se convirtió en el móvil familiar, agazapado, escondido entre las sombras con apariencia de amor. Darme cuenta de que, desde niña, solo fui la sustituta y el bastón de mis padres, y que, infinidad de veces, dejé de lado mi vida para ayudar a los otros, o viví con el miedo de no defraudar o lastimar a mis padres porque sentí que ya habían sufrido demasiado. Y caro me costó mi error, pues no disfruté de etapas que, cuando me di cuenta, ya habían pasado.

Hoy me perdono y perdono a todos los que, conscientes o no, me dañaron. Les doy las gracias por lo que aprendí de todos, pero ahora voy a vivir mi vida como mejor desee, y ya no tengo culpa ni obligaciones, solo elegirme día a día, como debe ser; porque, si yo estoy bien, todo a mi alrededor lo está. Puedo ver todo desde otro lugar y analizar sin juzgar lo que mi familia vivió. Ya pasaron muchos años, muchos acontecimientos que nos marcaron a fuego.

Hoy, desde «la vereda de enfrente», puedo visualizar todo con más claridad, observar lo que me inspiró a escribir estas páginas entendiendo lo que cada uno vivió en la novela de sus vidas, y poder descubrir los «para qué» de actitudes que muchas veces no les encontramos explicación, así como vivir situaciones repetitivas que solo muestran más de lo mismo, siendo estos mandatos del clan para que podamos resolver lo que ellos no pudieron.

Nací en una familia donde primaron el amor y el rencor, con matices de indiferencia, bronca, abandono y celos, entre otros. Mis padres se amaron profundamente, pero que tuvieron que pasar por duras pruebas, y sin darse cuenta, ese amor los encadenó y esclavizó.

Papá, un ser amoroso, pero con implantes que heredó de sus padres, como eran los celos, la desconfianza. Por sus consejos, siento que muchas veces vio llorar a su madre, perseguido sexualmente por una tía que lo veía como un trofeo a alcanzar y, como nunca pudo, desplegó su odio contra mi madre e hijas. Papá se llevó un secreto a la tumba que temo que algún día alguien vendrá a mostrar.

Mamá, con sueños jamás cumplidos, tenía una gran necesidad de salir del hogar de sus padres, donde solo vivió castigos, prohibiciones y necesidades. Su padre la amenazaba por errores que él mismo cometió. Una madre que no la deseó, que hasta las cosas que mamá cosía para su casamiento se las quitaba; cuánta desvalorización, dolor, rencor y, sobre todo, sumisión que la llevó a nunca defender lo que tanto le había costado: la posibilidad de un trabajo que la hubiese llevado a sentirse feliz y le habría dado una mejor calidad de vida.

Meris, que nació como la primera nieta e hija, se suponía que sería feliz, pero se sumió en la tristeza al verse dejada de lado por una hermana que nació enferma y padeció durante un año. Después, se sitió sobreprotegida, por miedo a que le pasara algo, como resultado la ahogaron; tal es así que ella era súper delgada, como si quisiera desaparecer.

Luego llegué yo, y ella me vio como la que despertaría en ella los celos que duraron de por vida. Me amó muchísimo, me cuidó, pero, como relaté antes, algo despertó en ella su rencor hacia mí.

Hoy siento que he logrado muchos cambios, pero aún tengo muchos más que resolver. Uno de ellos es sentir que, a pesar de todo lo que aprendí y sé, no logro atraer a todos los que sé que puedo ayudar a cambiar, como también sé que no todo depende de mí.

Mis hijas son mi mayor orgullo, son mi espejo, mis maestras, y las que muchas veces me sacan de mí zona de confort. Jorge es mi compañero de la vida, mi esposo, a quien amo y me ama de manera incondicional. Hasta diría que, ante sus ojos, yo soy perfecta, cuando eso no existe, pues nadie lo es.

Estoy muy agradecida por lo que pude cambiar, por lo que tengo, mi familia y mis amigos. Ellos son ese tesoro que no tiene precio, siempre están con una palabra, un abrazo, un «te quiero» o «te extraño».

Cuánto amor pude recoger a lo largo de mi vida, y eso me muestra que logré el cambio que mi clan necesitaba: lágrimas por sonrisas, odio por amor. Aprender a disculpar y entender que somos seres únicos e irrepetibles, y que cada quien tiene su historia y carga con su mochila, pesada o no; siempre hay que vaciarla de todo lo que no nos pertenece, solos o con ayuda, pero poder tener la valentía de renunciar a lo cómodo y confortable para lanzarse a la búsqueda de una verdad que solo se encuentra dentro de ti. Es un camino que pueden transitar los que sienten ese llamado al cambio y hacerlo superando cada obstáculo y miedo.

Te caerás muchas veces e infinitas veces te levantarás, porque somos arquitectos de nuestra propia vida, y que el final sea de gloria o de tristeza solo depende de vos.

Permitirnos espacios de descanso, de llanto, de alegría, son esos paquetitos a lo largo del camino, ni más ni menos que regalos a los que no debemos renunciar.

Aprender que no se puede ayudar a todos, tan solo al que pide ayuda.

Llevaré siempre esa herida que me dejó Meris con su negación a mi ayuda; perder una hermana deja un agujero en el corazón que nada podrá cerrar. Aún hoy siento su ausencia y la extraño mucho, pero debo vivir con eso y con el consuelo de haber podido revertir su rencor hacia mí.

Psicomagia

En la primavera de 1979 comenzó una de las aventuras más intensas de mi vida, que me llevaría a crear un sistema terapéutico y artístico fundado en el estudio del árbol genealógico
ALEJANDRO JODOROWSKY

La psicomagia es una forma muy eficaz de resolver traumas y bloqueos, engañando al inconsciente mediante actos simbólicos como si fuesen reales, y así poder sanar y/o perdonar. Existen tantos actos como conflictos vive una persona. A través de una carta, se puede decir lo que no pudimos quizás expresar en vida a un ancestro, o incluso si ese ancestro aún vive. Todo esto está basado en la física cuántica, que asegura que todos estamos conectados. Si escribo una carta a alguien, la leo delante de su foto, la quemo y esparzo las cenizas debajo de un árbol fuera de casa o en un curso de agua, a la persona le llega sin haberse entregado en mano, y se produce la magia: si había separación, sucederá una comunicación por parte del destinatario.

La clave de esto es el perdón desde nuestro corazón, por eso se aconseja escribir con amor y entendiendo que la persona quizás no tuvo las herramientas suficientes para poder actuar de otra forma. Además, no hay que olvidar las herencias o implantes que recibimos todos desde la cuna, y no siempre estamos preparados para cambiar.

Existen, de forma inconsciente, lealtades o contratos invisibles que nos pueden, o mejor dicho, nos rigen la vida. Son infinitos, pero les mencionaré algunos y cómo podemos cortar esas lealtades.

Lealtad a la profesión

La profesión que tiene una persona es una forma de reparar lo que no se pudo en su árbol genealógico. He aquí algunos ejemplos: chef, agricultor y todo lo que tiene que ver con los alimentos nos habla de memorias de hambruna. Médico, enfermera, etc., son historias de alguien que murió por falta de atención o por no saber cómo. Policía o militar, falta de orden y reglas. Y así con todas; ellas nos dicen de lo que careció nuestro árbol.

Lealtades por nombre

El nombre es el primer contrato que cargamos; es importante saber por quién llevas tu nombre y cuántas veces se repite. Cuando se le da un nombre de un ancestro a un bebé, sea por el motivo que sea, se le está cargando con la vida del ancestro, sus formas de vida, síntomas y hechos vividos por este y no resueltos. Los árboles donde se repite un nombre, de bisabuelo a nieto, de padre a hijo, nos hablan de un árbol con una carga narcisista importante.

En el caso donde se elige el nombre de alguno de los padres, indica que hay una desvalorización de estos, por lo que se intenta reivindicar y valer a través del hijo la angustia latente en los padres. Cuando lleva el mismo nombre pero al niño se le nombra con diminutivo, quiere decir que ese niño no podrá superar al tío, abuelo o quien lleve ese nombre.

Hay una forma de cortar con todas esas lealtades. Les paso a explicar cómo hacerlo:

Tomar una foto de la persona con quien se quiere cortar la lealtad, de aproximadamente 15 cm, coser todo alrededor una lana o hilo y colgarla del cuello (que quede a la altura del pecho) con la foto hacia el pecho. Permanecer con esa foto durante 24 horas, las cuales simbolizan las memorias dolorosas con nosotros. Al finalizar ese tiempo (que debe ser exacto), se toma una tijera y se corta el hilo alrededor sin cortar la foto, cortando de forma simbólica las memorias dolorosas invisibles con ese ancestro.

Lo que debo decir mientras lo hago:

«Corto las memorias dolorosas invisibles que me unen en lealtad a ti con el fin de sanar. Siembro en ti el amor, te reconozco y te honro, te bendigo y pido tu bendición por el bien de la familia, te bendigo, te integro, te reconozco y te honro. Te dedico mis logros, mis triunfos, te brindo mi amor, y te bendigo. Gracias, gracias, gracias».

Luego, se quema la foto y el hilo, y a esas cenizas se les pone miel; se tiran en un curso de agua o fuera de la casa, debajo de un árbol. A continuación, se compran de manera simbólica monedas de oro (las de chocolate envueltas en papel dorado), en número correspondiente a la edad de quien desea cortar lealtades. Si el ancestro vive, se le entregan esas monedas, y si está muerto, se llevan al cementerio, diciéndole en cualquiera de los casos: «Te compro mi lealtad y autonomía». El ancestro debe comer por lo menos una.

Carta de liberación al clan

Se debe hacer de forma manuscrita:

«Yo, en este acto de mi puño y letra, le regalo al clan al que pertenezco y, en el amor de Dios, los bendigo. Me libero y los libero a mis padres, y a todos mis antepasados, de todos los programas inconscientes de cualquier ofensa de otro clan que hayan recibido. Les pido perdón por ello. Bendición de mi corazón al de ustedes. Gracias, gracias, gracias».

Todas las cartas que explico aquí llevan la misma forma: se queman, se les pone miel y se desechan como ya expliqué más arriba.

Perdonar

Quizás lo más difícil de todo el proceso es lograr ver desde otro ángulo lo que vivimos; es justamente poder perdonar, pero no como un acto altruista para que quienes infringen daño se sientan mejor, o por resignación. Perdonar desde lo profundo del corazón, con amor hacia el otro, entendiendo que actuó de la mejor manera que pudo.

Quizás parezca disparatado lo que digo; perdonar ayuda a liberar todo el rencor acumulado que, de cierta forma, perjudica a quien lo siente, corroyéndolo por dentro y haciendo mucho daño. Perdonar no significa olvidar, todo lo contrario: perdono por mí, para poder seguir adelante, y no olvido para poder aprender de lo que sentí y evitar caer en lo mismo. Como muchas veces me pasó y nos pasó como familia, no aprender de las experiencias y querer que siempre quien tengo delante viene con buenas intenciones.

Existen cuatro etapas para el perdón, según Alejandro Jodorowsky:

1. No se trata de perdonar a ciegas, sino de comprender por qué te hizo aquello.
2. Luego, hacer comprender a quien te hizo daño la raíz de su acto.
3. Y entonces, hacer que el culpable reconozca su culpa y acepte ser deudor.
4. Enseguida, exigirle una reparación material y, si así lo hace, por fin perdonarlo.

La culpa

La culpa es nuestro juez más implacable; nos acecha y nos hace sentir una gran carga en nuestra espalda. Es tan poderosa como la cantidad de emociones que nos hacen sentirnos culpables ante los demás. La causa de sentirla puede ser infinita: algo que debimos hacer y no hicimos, algo que debimos decir y no dijimos, y también arrastrar las que no son nuestras, que están dentro de nuestros genes porque hubo personas que integran nuestro árbol genealógico que, por diversas razones, no pudieron resolver. Y nosotros acarreamos esa culpa.

El malestar que nos genera está relacionado de manera directa con la intensidad con que nosotros mismos nos juzgamos. En mi caso, fui criada para ayudar al otro, y cuando logré darme cuenta de que debía tener un cambio en mi vida, lo primero que sentí fue culpa. Un maestro de esos tantos que llegó a mi vida me dijo que lo primero que tendría que empezar a practicar era «**N**o».

No es algo fácil de hacer porque somos portadores de creencias limitantes que pesan a la hora de elegir cómo actuar, y al principio se siente mucho remordimiento cuando decimos «No», pero, a medida que se logra incorporar, cada vez es más fácil; concentrarme en lo que yo quiero y no en la necesidad del otro, y, por sobre todo, pensar de antemano qué contribución me genera. Eso es elegirse y amarse siempre primero.

Duelos

Si hay algo que tenemos garantizado cuando llegamos a este mundo es que en algún momento vamos a morir.

El duelo es una respuesta natural y normal en las personas, es un proceso de transformación necesario, en el que se atraviesan fases o etapas que permitirán a las personas recuperar el equilibrio mental y aceptar la pérdida de una forma sana y adaptativa al darle un sentido.

Las siete fases por las que hay que pasar antes de estar recuperado son las siguientes: *shock*, negación, negociación, ira, tristeza y dolor, aceptación y seguir adelante.

Existen disciplinas como la tanatología, que consiste en acompañar a la persona en ese proceso, donde se trabajan las diferentes etapas del duelo. El duelo es la reacción normal ante la pérdida, ya sea la pérdida de una persona querida, un animal, un objeto, una etapa o un evento significativo. Cuando se habla de pérdidas, y en especial de las pérdidas relacionadas con una persona, es una experiencia que necesita ser compartida, acompañada y respetada.

Concluyendo, pregunto: ¿en qué familia no se da este vaivén de emociones? En la mía era una constante el miedo a hablar, a actuar de forma distinta a lo que fuimos aprendiendo, como si al hacerlo quedáramos fuera del clan. Y sí, nuestro inconsciente, que nos cuida y protege, muchas veces nos hace actuar con lealtad al clan para no quedar fuera de la familia.

Pero cuando sentimos que algo no funciona, buscar y develar esta incógnita mediante un acto psicomágico, como puede ser una carta de ruptura de lealtades, es muy liberador. Y no por eso se traiciona a nadie; siempre recurrir a quien nos ayude, con el corazón abierto al perdón y la mente clara de que quien te hizo «daño» no lo hizo de forma consciente, solo le faltaron herramientas.

Dejar la culpa atrás; si elegirte siempre, o decir «no», te preocupa y te hace sentir egoísta, te digo que es, de aquí en más, tu prioridad. Atreverse es como abrir una puerta con la seguridad de que lo que se verá del otro lado es lo mejor. Un día pude ver la señal y abrir esas puertas que me mostraron, poco a poco, la persona que hoy soy, y solo puedo decir ¡gracias! a quienes me mostraron el camino de mi transformación.

También a mis hijas, que siempre estuvieron ahí con su amor y cuestionando alguna decisión mal tomada. A mi esposo, que jamás me abandonó y me mostró lo que es el amor incondicional. A mis amigas, que me ayudaron a superar momentos difíciles.

¡Gracias!

Lecturas recomendadas

SÁCIATE. Siendo feliz, íntegro y próspero como ser humano, y contribuyendo individualmente a la recuperabilidad ambiental y a la prosperidad social (Orlando Cortés Tulande)

Y a mí, ¿quién me entiende? (Chetta)

Vibración familiar. Herencia universal (Ma. Patricia Medina de Jaramillo)